Control y manejo de la ira

Iván Salvaterra
Editorial Anuket

Contenido:

Capítulo 1
Comprendiendo la ira:
una emoción poderosa

La ira es una emoción humana natural y poderosa que todos experimentamos en algún momento de nuestras vidas. Es una respuesta emocional que puede surgir cuando nos sentimos frustrados, amenazados, heridos o cuando nuestras expectativas no se cumplen. Aunque la ira es una emoción común, su comprensión y manejo adecuado son fundamentales para mantener relaciones saludables y una vida emocional equilibrada.

La ira es una expresión primordial que forma parte de la experiencia humana desde tiempos inmemoriales. Es una respuesta emocional natural y universal que se ha desarrollado en el transcurso de la evolución humana. Aunque a menudo se la considera una emoción negativa, la ira también tiene su propósito y función positiva en nuestro devenir cotidiano.

La ira se puede manifestar como dolor físico o psicológico, provocando o manifestando duras declaraciones críticas hacia otros. Las consecuencias se expresan en un aumento del nivel de estrés y ansiedad, distracción e irascibilidad.

La ira puede tener su propio grado, desde una leve molestia y descontento hasta la rabia, la furia, y el descontrol. Mínimo, tiene una fuerza destructiva, que se dirige hacia los demás, pero es capaz de influir en el propio estado. Pero si aprendes a controlar esta emoción, puedes mantenerte a ti mismo y a los demás.

La emoción de la ira

La ira es una emoción poderosa que surge en respuesta a situaciones que percibimos como injustas, amenazantes, frustrantes o que van en contra de nuestras expectativas. Puede manifestarse en diferentes grados, desde una leve molestia hasta una intensa furia. La ira puede aparecer en respuesta a eventos específicos o acumularse a lo largo del tiempo debido a situaciones recurrentes.

Es extremadamente difícil erradicar tal emoción, porque se establece en el nivel de los instintos, que, incluso, a veces puede resultar útil. Pero los frecuentes estallidos de ira y los estados descontrolados pueden traer consecuencias irreparables. Afortunadamente, hay formas de desarrollar el autocontrol y vivir en paz.

Función evolutiva

La ira tiene un propósito evolutivo que nos ha ayudado a sobrevivir como especie. Históricamente, la ira ha sido una herramienta de adaptación que nos permitió enfrentar peligros y defender nuestros recursos y seres queridos. En situaciones amenazantes, la ira puede activar la respuesta de lucha o huida, lo que aumenta nuestra capacidad para protegernos y sobrevivir.

Desencadenantes de la ira

Los desencadenantes de la ira varían de una persona a otra, ya que están influenciados por factores individuales y experiencias personales. Algunos desencadenantes comunes incluyen la injusticia percibida, la falta de control sobre una situación, la violación de límites personales, la frustración por metas no alcanzadas o expectativas no cumplidas, entre otros.

La ira es causada por una amplia gama de situaciones, aquellas que una persona evalúa como escandalosas, feas, terribles o inapropiadas.

La ira nace para causar miedo, vergüenza y sumisión. La ira, por regla general, crea una motivación negativa en aquel a quien se dirige. Al mismo tiempo, la ira empeora las relaciones.

Causales

Frustración (discrepancia entre deseos y posibilidades). Este estado ocurre cuando, debido a obstáculos, una persona no puede lograr el objetivo preciado. En tales situaciones, desaparece la motivación, la aspiración; aparece un sentimiento de ira, principalmente en relación con uno mismo.

La defensa contra la amenaza física se manifiesta con mayor frecuencia en su evitación o prevención, pero casi siempre va acompañada de ira.

El motivo del enfado puede ser una situación o una opinión totalmente contraria a nuestras creencias y actitudes. Este sentimiento es alimentado por la confianza en uno mismo (que es atacado). Junto con otras emociones, la ira puede provocar intentos de prejuicio y cambiar la opinión de otra persona.

Las emociones dan lugar a emociones recíprocas, la ira no es una excepción, especialmente si tal emoción negativa se dirige en nuestra dirección sin razón.

La ira no surge en el vacío. Detrás de ella siempre hay sentimientos de dolor, miedo, resentimiento. Este es el resultado de emociones acumuladas de insatisfacción.

En algunos casos, los arrebatos de ira proporcionan energía adicional para seguir trabajando. La adrenalina desarrollada contribuye a una mayor productividad y fusión de trabajo.

Expresión de la ira

La forma en que expresamos la ira puede variar enormemente y puede ser influenciada por factores culturales y sociales. Algunas personas pueden expresarla de manera abierta y directa, mientras que otras pueden reprimirla o expresarla de forma más pasiva-agresiva. Una expresión no saludable de la ira puede llevar a cabo conductas destructivas y conflictos interpersonales.

Una persona enfadada es agresiva. Las cejas se bajan y juntan, pliegues verticales entre las cejas. Los párpados superiores están tensos, y los inferiores se mantienen tirantes y levantados. Boca cerrada, labios comprimidos. La mandíbula está hacia adelante, los movimientos son bruscos, con el fin de capturar el espacio. Las cejas se juntan, la voz suele estar levantada o, por el contrario, ostentosamente tranquila.

La ira no solo es una experiencia emocional, sino también una respuesta fisiológica que involucra cambios en nuestro cuerpo y mente. Cuando la experimentamos, se desencadena una serie de reacciones físicas y emocionales que preparan nuestro organismo para enfrentar situaciones desafiantes o amenazantes. Comprender la respuesta fisiológica y emocional de la ira es fundamental para aprender a manejarla de manera efectiva.

• **Activación del Sistema Nervioso Simpático**: Cuando percibimos una amenaza o una situación frustrante, nuestro sistema nervioso simpático se activa. Esta es la parte del sistema nervioso que responde ante el estrés y se prepara para la acción. La activación del sistema nervioso simpático conlleva una serie de respuestas físicas, como aumento de la frecuencia cardíaca, dilatación de las pupilas, incremento del flujo sanguíneo hacia los músculos y aumento de la sudoración.

• **Liberación de hormonas del estrés**: Durante la experiencia de la ira, las glándulas suprarrenales liberan hormonas del estrés, como la adrenalina y el cortisol. Estas hormonas preparan al cuerpo para enfrentar una situación desafiante, aumentando la energía y la alerta. Sin embargo, la liberación excesiva de estas hormonas puede tener efectos negativos en la salud, especialmente si la ira se experimenta de manera crónica.

• **Respuesta Emocional**: La ira se manifiesta como una emoción intensa que puede incluir una sensación de ardor, indignación, irritabilidad y deseo de confrontar la fuente de la frustración o amenaza. A menudo, la ira va acompañada de pensamientos negativos y una sensación de que nuestras necesidades están siendo ignoradas o violadas.

• **Tensión Muscular**: La respuesta de lucha o huida asociada con la ira conlleva un aumento de la tensión muscular en preparación para la acción. Esta tensión puede ser especialmente notoria en el cuello, los hombros y la mandíbula. La acumulación de tensión muscular puede contribuir a la sensación de incomodidad física y emocional durante y después de la experiencia de ira.

• **Duración de la respuesta de la ira**: La respuesta fisiológica y emocional de la ira puede variar en duración y gravedad, dependiendo de la intensidad del desencadenante y la habilidad de cada individuo para manejarla. En algunos casos, la ira puede desaparecer rápidamente una vez que se resuelve la situación desafiante, mientras que en otros puede persistir y prolongarse si no se aborda adecuadamente.

Retener y ventilar la ira

¿Es malo contener la ira? Más bien, sí, aunque no muy dañino.

La psicóloga Carol Tavris, quien una vez escribió un libro completo sobre la ira, argumenta que desahogar nuestra ira, algo que muchos otros psicólogos aconsejan, generalmente solo empeora la situación. En su revisión bastante exhaustiva de la literatura, afirma que la ira reprimida "no conduce de manera predecible o consistente a la depresión, úlceras estomacales o presión arterial alta, ni causa convulsiones o ataques cardíacos... La profesional sugiere que es mejor educarse en controlar la situación causante, a liberar toda la energía de la ira.

¿Es perjudicial expresar la ira? Puede ser muy dañino si no tienes control sobre ella y perjudicas a terceros.

Impacto en la salud

La ira descontrolada y crónica puede tener un impacto negativo en nuestra salud física y emocional. La liberación constante de hormonas del estrés y la tensión muscular asociada con esta emoción pueden contribuir a problemas de salud a largo plazo, como la hipertensión, problemas cardíacos y trastornos del estado de ánimo.

Factores que influyen

La experiencia de la ira puede variar significativamente de una persona a otra y está influenciada por una combinación de factores individuales, contextuales y sociales. Entender estos factores nos permite tener una visión más completa de cómo se desarrolla y manifiesta en nuestras vidas. A continuación, exploraremos algunos de los principales factores que influyen en la experiencia de la ira:

• **Experiencias Pasadas:** Nuestras experiencias pasadas pueden tener un impacto significativo en la forma en que la experimentamos. Aquellas personas que han vivido situaciones traumáticas o han tenido experiencias negativas pueden ser más propensas a reaccionar con ira ante situaciones estresantes o desafiantes. Las experiencias pasadas también pueden contribuir a la formación de patrones de respuestas violentas.

• **Personalidad:** Las diferencias de personalidad pueden influir en la forma en que expresamos y experimentamos la ira. Por ejemplo, algunas personas pueden ser más propensas a expresarla abiertamente y de manera directa, mientras que otras pueden ser más propensas a reprimirla o expresarla de manera pasiva-agresiva. Los rasgos de personalidad como la impulsividad y la susceptibilidad a la frustración también pueden afectar cómo manejamos la ira.

• **Habilidades de comunicación**: Aquellas personas que tienen habilidades de comunicación asertiva pueden expresar su ira de manera clara y respetuosa, lo que reduce la probabilidad de respuestas agresivas. Por otro lado, la falta de habilidades de comunicación puede llevar a la represión de la ira o a reacciones explosivas.

• **Niveles de estrés:** El estrés crónico puede aumentar la probabilidad de experimentar ira con mayor frecuencia e intensidad. Cuando estamos bajo una carga significativa de estrés, podemos tener una menor tolerancia a la frustración y reaccionar de manera más irritable ante las situaciones cotidianas.

• **Factores sociales y culturales**: Las normas culturales y sociales pueden dictar si es apropiado expresar abiertamente la ira o si es más adecuado reprimirla. Además, la forma en que las personas cercanas a nosotros manejan la ira puede influir en nuestras propias respuestas emocionales.

• **Factores biológicos:** Algunos estudios sugieren que los factores biológicos, como la genética y la química cerebral, pueden jugar un papel en la experiencia de la ira. Algunas personas pueden tener una predisposición genética a ser más propensas a la ira, o pueden tener niveles diferentes de neurotransmisores asociados con el estado de ánimo y la regulación emocional.

La experiencia de la ira es una interacción compleja entre factores individuales, contextuales y sociales. Al entender los factores que influyen en la ira, podemos desarrollar una mayor conciencia de nuestras respuestas emocionales y trabajar en el manejo saludable de esta emoción. En los siguientes capítulos, exploraremos cómo podemos desarrollar habilidades de autorregulación emocional y aprender a manejar la ira de manera constructiva, promoviendo un bienestar emocional general y relaciones más saludables con nosotros mismos y con los demás.

Capítulo 2
Los efectos negativos
de la ira descontrolada

La ira descontrolada puede ser una fuerza destructiva que impacta negativamente en diversos aspectos de nuestras vidas. En este capítulo, exploraremos en detalle los efectos perjudiciales que la ira no gestionada puede tener tanto en el individuo como en su entorno.

A continuación, exploraremos algunas de las principales consecuencias de una ira descontrolada:

Problemas de salud física

El estrés crónico asociado con la ira descontrolada puede tener efectos perjudiciales en nuestra salud física. El aumento de la presión arterial, la tensión muscular y la liberación constante de hormonas del estrés pueden contribuir al desarrollo de problemas de salud a largo plazo, como enfermedades cardiovasculares, trastornos gastrointestinales y problemas del sistema inmunológico.

Dificultades en las relaciones interpersonales

La ira descontrolada puede dañar nuestras relaciones con familiares, amigos, compañeros de trabajo y otras personas importantes en nuestras vidas. Las reacciones agresivas o explosivas pueden alienar a los demás y causar conflictos interpersonales. Además, la ira constante puede hacer que otros se sientan inseguros o eviten interactuar con nosotros.

Baja Autoestima y Autocrítica

Las reacciones impulsivas de ira pueden llevarnos a sentirnos culpables o avergonzados por nuestras acciones, lo que puede reforzar sentimientos negativos sobre nuestra valía y alimentar la autocrítica.

Problemas laborales

En el entorno laboral, una ira descontrolada puede tener un impacto negativo en el rendimiento y la productividad. Las reacciones hacia colegas, clientes o superiores pueden crear conflictos y dificultades para trabajar en equipo de manera efectiva. Además, la ira crónica puede afectar nuestra concentración y toma de decisiones en el trabajo.

Aislamiento social

La ira descontrolada puede llevar al aislamiento social, ya que otros pueden evitar interactuar con nosotros debido a nuestro comportamiento agresivo o impredecible. El aislamiento social puede aumentar la sensación de soledad y aislamiento emocional, lo que agrava aún más los problemas de ira y bienestar emocional.

Problemas legales

En casos extremos, una ira descontrolada puede llevar a comportamientos agresivos o violentos que pueden tener consecuencias legales. Participar en peleas, dañar la propiedad de otros o actuar de manera amenazante puede resultar en problemas con la Justicia.

La ira surge del prejuicio o resentimiento real o percibido, que no solo parece masculino, sino también porque la otra persona justifica lo que el otro nos ha hecho.

Como seres humanos, nos contentamos con la venganza en lugar de pasar página como manda moralmente. Aquellos que pierden los estribos fácilmente dirán que es mucho mejor expresar completamente su ira que reprimirla.

Este mal humor se puede comparar con una bomba nuclear porque es radiactiva. Cuando estás enojado, tu comportamiento a menudo perturba a los que te rodean. La intimidación puede destruir una relación frágil y puede durar años. Para apreciar completamente el impacto de la ira descontrolada, considere las muchas esposas e hijos abusados en la sociedad, todo atribuido a personas que son impacientes y no saben cuándo cruzar la línea.

Muchos psiquiatras ven la ira como un componente de varias situaciones en lugar de un dilema separado. De hecho, el Manual Diagnóstico y Estadístico de Trastornos Psicológicos, tercera edición, tiene una categoría estándar denominada "Trastorno de volatilidad intermitente". Pero en la cuarta edición, se eliminó el término porque los profesionales ya no lo usaban.

Esta combinación se vuelve aún más dañina cuando también está presente el Trastorno por déficit de atención con hiperactividad (TDAH). La ira no es una clasificación definitiva del TDAH, aunque muchos rasgos relacionados pueden conducir a situaciones desafortunadas. El estímulo comienza con la simple percepción de una situación dañina, que es susceptible de generar diversos impulsos relacionados con la autodefensa de forma confrontacional, atacando al agresor. Cuando alguien tiene TDAH, la percepción se descompone repetidamente porque la estructura fluida de la atención pierde información importante que una mente activa debe tener en cuenta y continúa llenándose de sesgos y conceptos erróneos sobre uno mismo o el mundo en general. El comportamiento que se percibe como ofensivo crea vergüenza y disminuye la capacidad de una persona para analizar adecuadamente una situación o reprimir reacciones inusuales. La impulsividad puede conducir a una respuesta de lucha o huida, que es más común en personas que no están acostumbradas a lidiar con situaciones difíciles. Debido a que los escritores enojados se sienten con derecho, es posible que no sientan o comprendan su impacto hasta que se hayan calmado y sean testigos de sus consecuencias no deseadas. Hay un ejemplo en el que un hombre una vez fue hostil hacia su esposa, y después de que la esposa le mostró un video de su comportamiento, el esposo se sintió atrapado en esta negatividad y se dio cuenta de por qué la esposa lo quería. El hombre se disculpó y dijo que no sabía lo que estaba haciendo y que no quería volver a hacerlo.

La importancia de aprender a reconocer la ira

El reconocimiento de la ira es el primer paso fundamental para el manejo efectivo de esta poderosa emoción. A menudo, la ira puede surgir de manera rápida e intensa, lo que dificulta su identificación y control en el momento presente. Sin embargo, aprender a reconocer la ira es esencial para desarrollar una mayor autorregulación emocional y evitar respuestas impulsivas o destructivas.

La ira es energía y, en algunos casos, esta energía se puede utilizar para un buen uso.

Si la ira es inapropiada y destructiva, es recomendable arrojarla en una dirección segura y respirar. Hay muchas otras maneras de lidiar con la ira.

La ira es un fuerte sentimiento de insatisfacción causado por el resentimiento hacia una situación o persona. Se acompaña de un estado de ira e irritación.

La ira se manifiesta tanto a nivel fisiológico como psicológico. En términos fisiológicos, se caracteriza por una gran liberación de la hormona adrenalina, que afecta la forma en que se piensa y actúa. Los accesos de ira provocan expresar agresión sin pensar en las consecuencias. Los mecanismos de los instintos dirigen toda la fuerza destructiva de la agresión al irritante.

La ira se manifiesta cuando una persona no es capaz de controlar sus emociones, o en situaciones de saturación psicológica. En tales casos, a menudo decimos: "Cuánto se ha acumulado".

A continuación, exploraremos la importancia de aprender a reconocer la ira:

Conciencia emocional

El reconocimiento de la ira nos permite desarrollar una mayor conciencia emocional, que es la capacidad de identificar y comprender nuestras emociones en el momento presente. Al reconocer la ira, podemos conectar con la experiencia emocional y comprender las razones detrás de nuestra respuesta emocional.

Evitar respuestas impulsivas

Cuando no reconocemos la ira a tiempo, es más probable que reaccionemos impulsivamente y sin control. Estas respuestas impulsivas pueden llevar a conductas agresivas o dañinas hacia nosotros mismos o hacia los demás. Al reconocer la ira, podemos tomarnos un momento para reflexionar antes de actuar, lo que nos permite responder de manera más consciente y constructiva.

Identificación de desencadenantes

El reconocimiento de la ira nos ayuda a identificar los desencadenantes y patrones emocionales que la activan. Conocer qué situaciones o eventos específicos nos provocan ira nos permite abordar esos desencadenantes de manera más efectiva y desarrollar estrategias para manejarlos de manera saludable.

Una actividad clave en el manejo de la ira es reconocer activamente el inicio de un episodio de ira. En un entorno de consejería grupal, un facilitador calificado puede pedirles a las personas que identifiquen de manera proactiva cuándo comienzan a sentirse enojados. Además, se le pedirá a la persona que identifique a la persona con la que está molesto y que trate con honestidad el enojo que surge, en lugar de guardarlo en su corazón.

La persona que recibe el tratamiento puede responder señalando a otra persona del grupo a la que se dirigen estos sentimientos hirientes. Ambos estarían de acuerdo en expresar su arrepentimiento sin la intervención de terceros ni sacar conclusiones precipitadas.

El objetivo principal de esta técnica de terapia es expresar los sentimientos ofensivos y encontrar una manera de resolver el problema de una vez por todas y dejar atrás el estímulo. Trabajar con la resolución de problemas en un entorno seguro, como el asesoramiento de terapia de grupo, es un sistema de control de la ira muy eficaz.

Manejo de la tolerancia a la frustración
El reconocimiento de la ira es fundamental para el manejo de la tolerancia a la frustración. Al reconocer cuándo estamos experimentando frustración o disgusto, podemos aprender a lidiar con esos sentimientos sin que se conviertan en ira descontrolada. Aumentar nuestra tolerancia a la frustración nos permite enfrentar los desafíos con mayor calma y resiliencia.

Mejorar las relaciones interpersonales
El reconocimiento de la ira también es importante para nuestras relaciones interpersonales. Cuando reconocemos que estamos experimentando ira, podemos comunicar nuestras emociones de manera

asertiva y respetuosa, evitando reacciones agresivas o pasivo-agresivas que pueden dañar nuestras relaciones.

Promover el bienestar emocional

El reconocimiento de la ira es esencial para promover nuestro bienestar emocional general. Negar o reprimir la ira puede llevar a la acumulación de tensión emocional y física, lo que puede tener un impacto negativo en nuestra salud y bienestar. Al reconocer y gestionar la ira de manera saludable, podemos cultivar una mayor paz interior y equilibrio emocional.

Aprender a reconocer la ira es un paso esencial para el manejo efectivo de esta emoción. La conciencia emocional y el reconocimiento de la ira nos permiten evitar respuestas impulsivas, identificar desencadenantes y desarrollar habilidades de autorregulación emocional. Al reconocer la ira, podemos mejorar nuestras relaciones interpersonales, promover nuestro bienestar emocional y construir una vida más equilibrada y enriquecedora.

Estimar los costos potenciales. Esto ayudará a comprender si es beneficioso o costoso responder de una manera impulsiva. Recuerde que hay varias formas de reaccionar en lugar de enfadarte. El mensaje simple para llevar es "pensar antes de actuar".

Pero tenga cuidado porque esto no ocurrirá de la noche a la mañana. No existe una solución rápida para estos problemas, ya que requeriría que se dedique a una práctica considerable. Pero cuanto más lo piense, más s derá cuenta de que no es nada difícil. Para evitar ser víctima de los sofocos, es importante aprender a practicar la meditación profunda cuando se enfrentan. Esto lo ayudará a identificar las debilidades que necesita enfatizar más espiritualmente para aliviar de manera efectiva cualquier problema de ira.

Las consecuencias de una ira descontrolada son diversas y surgen varios aspectos de nuestra vida. Comprender el impacto negativo de la ira descontrolada es fundamental para tomar medidas hacia el manejo efectivo de esta emoción. En los siguientes capítulos, tendremos estrategias y técnicas para reconocer y gestionar la ira de manera saludable, lo que nos permitirá cultivar una mayor autorregulación emocional y mejorar nuestras relaciones y bienestar general

La ira en los niños

Lo crea o no, los niños pueden ser muy peligrosos cuando no solo están enojados consigo mismos, sino también con las personas importantes en sus vidas. Esto es especialmente cierto porque es posible que no se den cuenta de la sensación o de cuándo ocurre. Las causas de la ira en los adultos son muy diferentes a las de los adolescentes. Los adultos suelen tener trastornos de ira acompañados de depresión mayor. Por otro lado, los niños expresan disgusto por las restricciones físicas simples, como vestirse estrictamente, aprender a ir al baño o alimentarlos a la fuerza.

Consejos:

• Los padres deben abstenerse de dar órdenes inapropiadas o comentarios despectivos que puedan provocar enojo. Estas cosas no deben imponerse a los jóvenes, ya que pueden tener consecuencias negativas. Los niños a menudo perciben los comentarios hirientes como una señal de abuso. Luego pueden provocar depresión, delirios leves, ira y ataques de ansiedad.

• Los padres también deben evitar el hábito común de negar casi todo lo que el niño necesita. En cambio, pueden ofrecer alternativas viables para hacer frente a las situaciones que se presenten. Los niños no son tontos, saben cuándo mentir y cuándo decir la verdad. En muchos casos, desarrollan tendencias de ansiedad cuando sus padres son indiferentes o demasiado críticos con su comportamiento.

• Evitar o minimizar los eventos desencadenantes puede hacer maravillas en su sistema. Recuerde que los niños no han aprendido que algunas de sus acciones no son inocentes o inocuos. No se recomienda ser demasiado duro con ellos porque pensarán que no les gusta su comportamiento y, como resultado, se volverán duros y desagradables con los demás.

• Evite generalizar en exceso y enfatizar los errores una y otra vez. Esto sería visto como un ataque directo a ellos en lugar de un intento de ayudarlos a ver sus errores. Trate de ser el padre que resuelve los problemas de manera directa e inmediata, en lugar de lidiar con errores persistentes que el niño incluso ha olvidado. Algunos comportamientos pueden ser molestos para el padre en cuestión y también pueden ser perjudiciales para su propio bienestar personal. Estas tendencias de comportamiento nunca deben considerarse independientes del acoso o intimidación en el que se ve involucrado el niño. Hablar con ellos es una mejor solución que gritarlos o etiquetarlos. Los niños definitivamente se sentirán reconfortados cuando sus mayores compartan sus buenos o malos sentimientos con ellos.

• Los padres también deben ser buenos modelos a seguir en el manejo de problemas de ira. Los niños imitan la forma en que sus padres manejan las situaciones de conflicto y hacen lo mismo con otras personas que puedan molestarlos. Dar forma activa a los niños de acuerdo con sus deseos únicos es una forma de arte valiosa y un modelo a seguir digno en sí mismo.

• Como padre sabio, sea consciente de las diversas estrategias de manejo de la ira que puede utilizar para lidiar con los conflictos que surjan.

Manejo de las rabietas infantiles

Es un hecho de la vida para todos los niños pequeños que son muy sensibles y gritarán o perderán los estribos a la menor provocación. Como padre, debe saber cómo calmarlos para que no se avergüencen en situaciones sociales. Una forma efectiva es practicar técnicas de preparación adecuadas.

Los niños pequeños que interactúan con sus madres suelen tener respuestas inteligentes. Son muy tranquilos y relajados y no explotan con ira innecesaria. Los padres involucrados leen las señales de sus hijos y lógicamente intentan crear ciertas condiciones que reduzcan en gran medida la probabilidad de estallidos emocionales. Los niños que tienen la suerte de tener padres apegados se recuperan de eventos de ira más rápidamente que aquellos que crecen en un ambiente emocionalmente distante. Sin embargo, demasiada interacción con su hijo puede provocar el síndrome de dependencia excesiva a medida que el niño crece.

Otra técnica común es identificar los desencadenantes de tales erupciones y trabajar con ellos para encontrar una solución estable. Un niño pequeño puede enfadarse fácilmente si necesita algo que no puede conseguir, o si está ocupado o preocupado por cosas extras. Puedes reducir la velocidad antes de que se vuelva loco mirándolo desde una perspectiva saludable y tratándolo antes de que alcance una altura irrazonable.

Si su hijo comienza a quejarse nuevamente, esta puede ser una buena señal para actuar rápidamente. El primer paso es tratar de calmar al niño antes de que el entorno lo perturbe más. Puede tomar la iniciativa de registrar todos los posibles desencadenantes que hacen que su hijo se sienta incómodo y cómo puede superar fácilmente estas situaciones de manera positiva. Un padre también necesita saber cuándo equilibrar y ayudar al niño y cuándo dejar que el niño encuentre su propia manera de sobrevivir en este mundo competitivo.

Las madres también deben considerar la lactancia prolongada como una forma segura de calmar a un bebé que llora. Luego se les puede enseñar a los niños técnicas de verbalización y probar los tratamientos apropiados.

En algunos casos, ignore las rabietas de su hijo. Evite ser duro o arremeter cuando esté enojado, ya que los niños se darán cuenta rápidamente de esto. Una forma efectiva de manejar las rabietas inofensivas es ignorarlas tanto como sea posible, a menos que el niño esté realmente ansioso o estresado. Recuerde que las rabietas de un niño pueden empeorar si la persona responde repetidamente a sus arrebatos. A los niños les encanta la atención y la mayoría de las veces harán algo para hacerle saber que están ahí. En muchas de estas situaciones, la voluntad tiende a fomentar un comportamiento no constructivo. Las personas deben poder elegir sus batallas de manera constructiva y recordar que no deben preocuparse por las cosas pequeñas. También recuerde que el bebé está creciendo lo suficientemente rápido como para que ahora pueda comunicarse verbalmente. Simplemente significa que una rabieta puede ser una acumulación de frustración que un niño quiere expresar a quienes lo rodean porque no lo entienden.

Trate de pensar en el sistema de lenguaje de su hijo. Esto puede ayudar a los jóvenes a ganar versatilidad y aprender las habilidades básicas necesarias para comprender la dinámica de la comunicación gestual sin saber cómo expresarse verbalmente. Las rabietas adolescentes también pueden ser causadas por reacciones hormonales. Biológicamente, pueden considerarse respondedores específicos al estrés y, sin la ayuda adecuada de una persona experimentada, es posible que no puedan controlar de manera efectiva ciertas rabietas. Esto significa que el niño puede esperar algo, pero el rechazo puede corresponder a la pérdida, lo que hace que el cerebro del niño active sustancias químicas relacionadas con el dolor, provocando que se sienta frustrado y enojado. Esperarán algo y harán una rabieta si son rechazados. La negación equivale a pérdida y dolor para el cerebro del niño.

Recuerde que los niños son pequeños y puede ser difícil para ellos distinguir correctamente entre necesidades y deseos, ya que esta es una función mental desarrollada que pueden no tener. Todas las habilidades de crianza se utilizan en estas situaciones. Algunos de estos pueden incluir consolarlos, brindarles la atención adecuada, acariciarlos, ser cercanos y receptivos. Estas técnicas calmarán los nervios al liberar hormonas cerebrales con un propósito específico. La "hormona del amor" del niño ayudará inmediatamente a calmar y eliminar cualquier rastro de las posibles rabietas. Incluso si uno de los padres tiene que entregar al niño a otro cuidador, las técnicas básicas discutidas pueden ser muy útiles si se usan correctamente. Asegúrese de que el cuidador responda y sea amable con las necesidades del niño para que éste pueda expresar sus sentimientos libremente. Las instrucciones deben ser muy claras sobre cómo los cuidadores deben tratar a los niños.

Una descripción general de cómo reducir las rabietas y los berrinches de los adolescentes

La adolescencia es una época muy turbulenta en la vida de una persona. Este es un momento en que una persona tiene arrebatos emocionales que pueden conducir a arrebatos de ira. La adolescencia es una etapa intermedia del desarrollo físico e intelectual del ser humano que se produce entre la niñez y la edad adulta. Los cambios que ocurren a menudo conducen a confusión o sentimientos encontrados, incluido el enojo injustificado.

La adolescencia se caracteriza por tres duelos: 1. La pérdida del cuerpo de niño. 2. La pérdida de los padres como superhérores (se le reconocen fallas). 3. La pérdida del trato indulgente que tenían como niños.

Aunque estas son solo emociones humanas típicas, si no se maneja adecuadamente, la ira adolescente puede conducir a un mal manejo de la ira y otras reacciones que pueden ser exageradas.

Indicadores para recordar cuando los adolescentes pierden los estribos

• Si los adolescentes tienen rabietas por pequeños problemas, como no obtener lo que quieren o ser objeto de burlas negativas, es posible que necesiten ayuda para controlar su ira.

• Si la ira de su hijo lleva a un comportamiento agresivo, como gritar, tratar de retroceder o golpear a alguien, actúe rápidamente.

• También tiene mucho peso cuando a los adolescentes les resulta difícil moverse después de un evento estresante. La ira normal debería ser un sentimiento temporal, pero solo es problemático si va más allá del marco de tiempo normal.

• Algunas cosas hacen que la mayoría de nosotros se enoje. Sin embargo, los niños con problemas pueden verse perturbados por problemas que inicialmente se abordaron adecuadamente. Las víctimas pueden desarrollar ira por factores que inicialmente no causan ninguna emoción, que pueden acumularse con el tiempo si no se tratan.

• Si la búsqueda de liberación extrema es seguida por actos autodestructivos, similar a la conducción temeraria, las actividades recreativas peligrosas pronto pueden ser seguidas por intentos de suicidio. Cuando se trata de expresar enojo, los adolescentes se pueden dividir en varias subcategorías que los padres deben conocer.

1)   Alborotador: Se refiere a una persona que claramente se defiende ante un posible abuso físico o verbal.

2) Jets Voladores: Estos son los que les gusta huir o evitar los ataques enojados. Este comportamiento a menudo toma la forma de evitar a los que se perciben como causantes de la angustia, que pueden incluso

incluir a amigos o familiares, dependiendo de la intensidad de la confrontación.

3) Oponentes. Cuenta la historia de un adolescente que finge que todo está bien, pero en secreto planea varias venganzas. Tal comportamiento a menudo se asocia con una tendencia a comportarse de manera bastante astuta y mentir repetidamente.

Capítulo 3
Herramientas para reconocer y gestionar la ira

En este capítulo, nos adentraremos en el aspecto práctico del control de la ira. Aprenderemos técnicas y estrategias para reconocer las señales tempranas de esta emoción, identificar los desencadenantes y aplicar métodos efectivos para gestionarla de manera constructiva. Estas herramientas nos permitirán desarrollar habilidades emocionales que nos ayudarán a responder a la ira de manera más saludable y a cultivar relaciones más satisfactorias con nosotros mismos y con los demás.

Los ataques de ira son algo desagradable tanto para la persona misma como para quienes la rodean. ¿Cómo aprender a aliviar los ataques de ira? ¿Es posible, en principio, cambiar el carácter, convertirse en una persona más tranquila y restringida? Ciertamente que se puede.

El primer paso para gestionar la ira es desarrollar la conciencia emocional. Aquí, aprenderemos cómo reconocer y etiquetar nuestras emociones, incluida la ira, de manera precisa y sin juzgar. Exploraremos técnicas de mindfulness y autoobservación para estar más conectados con nuestras emociones en el momento presente.

Los beneficios de la ira

No importa lo extraño que suene, pero hay situaciones que justifican el enfado, incluso hablan de sus beneficios.

La ira es inherente al nivel de los instintos, en el proceso de evolución contribuyó a la supervivencia, pues el humano estaba bastante indefenso ante la naturaleza, incluso de otros humanos que luchaban por los pocos recursos. La rabia moviliza el ingenio y el cuerpo para luchar, y así protegerse del peligro. La ausencia de esta emoción difícilmente habría ayudado a nuestros antepasados a sobrevivir y aprender a defenderse.

La ira protege nuestros valores, creencias, ayuda a combatir la injusticia, a defender nuestros derechos y avanzar hacia la meta. Las personas que no tienen miedo de expresar enojo a veces son más convincentes en sus puntos de vista. Este estado solo funciona si las emociones no están respaldadas por la agresión hacia los demás.

Podemos decir que la ira mejora el estado psicológico, en vista de que permite mostrar indignación, hablar. Esto es mucho mejor que guardar rencores en uno mismo, que se acumulan con el tiempo, afectan negativamente la salud psicológica; pero... no seguramente, no se debe exagerar con la negatividad.

Desarrollo de la Conciencia Emocional

La conciencia emocional es una habilidad clave para reconocer, comprender y gestionar nuestras emociones de manera efectiva. El desarrollo de esta habilidad es fundamental para el manejo saludable de la ira y otras emociones intensas. A través del desarrollo de la conciencia emocional, podemos cultivar una mayor autorregulación emocional, mejorar nuestras relaciones interpersonales y promover nuestro bienestar emocional en general. A continuación, exploraremos estrategias para desarrollar la conciencia emocional, centrándonos específicamente en el reconocimiento de la ira:

Práctica de la Atención Plena (Mindfulness):
Al practicar la atención plena, aprendemos a estar conscientes del momento presente sin juzgar nuestras emociones. Cuando surja la ira, podemos tomar conciencia de las sensaciones físicas que acompañan a esta emoción, como la tensión muscular o la aceleración del corazón. Observar estas señales físicas nos ayuda a reconocer la ira a medida que surge.

Llevar un Diario Emocional:
Anotar nuestras emociones, incluida la ira, nos permite identificar patrones y desencadenantes comunes. Al revisar nuestro diario, podemos reconocer cuándo y por qué experimentamos ira, lo que nos da una idea más clara de cómo manejarla en el futuro.

Pausa antes de reaccionar:
Cuando sentimos que la ira está surgiendo, es útil tomar una pausa antes de reaccionar. Detenernos

unos segundos antes de responder nos permite identificar si realmente estamos experimentando ira y si es necesario actuar en ese momento. La pausa nos da tiempo para evaluar la situación y elegir una respuesta más adecuada.

Identificar las emociones subyacentes:

A veces, la ira puede enmascarar otras emociones subyacentes, como la tristeza, el miedo o la frustración. Es importante aprender a identificar estas emociones ocultas para abordarlas de manera más efectiva. Pregúntate a ti mismo si hay otras emociones presentes junto con la ira que manifiestas, y trata de reconocer su origen.

Buscar Patrones de Respuesta:

¿Hay ciertas situaciones o personas que tienden a provocar tu ira con más frecuencia? ¿Cuáles son tus reacciones habituales? Al reconocer estos patrones, podemos anticipar situaciones desafiantes y prepararnos para manejar la ira de manera más saludable.

Practicar la Autocompasión:

El desarrollo de la conciencia emocional también incluye ser compasivos con nosotros mismos en momentos de ira. En lugar de juzgarnos duramente por sentir ira, podemos aceptarla como una emoción natural y aprender a gestionarla de manera saludable. La autocompasión nos permite ser amables con nosotros mismos mientras trabajamos en el desarrollo de habilidades emocionales.

El desarrollo de la conciencia emocional nos permite tomar decisiones más conscientes y constructivas, promoviendo una vida más equilibrada y enriquecedora. En los siguientes apartados, exploraremos más estrategias para el manejo efectivo de la ira y el cultivo de una mayor paz interior y bienestar emocional. Recuerda: El manejo de la ira comienza con la capacidad de calmar nuestro cuerpo y mente en momentos de tensión.

Técnicas de Relajación y Respiración:

Las técnicas de relajación y respiración son herramientas efectivas para el manejo de la ira y otras emociones intensas. Estas técnicas nos permiten reducir la activación fisiológica asociada con la ira y promover la calma y el equilibrio emocional. A continuación, exploraremos algunas técnicas de relajación y respiración que pueden ser útiles para manejar la ira de manera saludable:

La más común es: "Inhala, exhala, cuenta hasta 10". Este consejo realmente funciona. La respiración lenta y profunda reduce la frecuencia cardíaca, estabiliza la presión arterial y relaja el cuerpo.

Entonces, si la ira ya se está apuntalando, vale la pena contar hasta 10 mientras se respira correctamente. Esto te salvará de emociones innecesarias.

Para observar correctamente la técnica de respiración, debes seguir las siguientes instrucciones:

• Encuentra un lugar tranquilo para relajarte, ponte cómodo.

• Inhala lentamente por la nariz. Concéntrate en la cavidad abdominal: siente cómo se llena de aire el estómago, relájate.

• Exhala lentamente por la boca. Aprieta el estómago, empujando así el aire fuera de los pulmones.

• Repite el proceso varias veces a un ritmo moderado.

• Haz un test de personalidad.

Respiración profunda:

La respiración profunda es una técnica simple y poderosa para calmar la respuesta del sistema nervioso simpático asociado con la ira. Para practicarla, siéntate o acuéstate en una posición cómoda. Coloca una mano en tu abdomen y otra en el pecho. Inhalando lentamente por la nariz, siente cómo se expande tu abdomen y luego continúa inhalando para que sientas la expansión de tu pecho. Exhala lentamente por la boca, sintiendo cómo se contrae primero tu pecho y luego tu abdomen. Repite este proceso varias veces, enfocándote en la respiración profunda y lenta para calmar tu cuerpo y mente.

Relajación progresiva:

La relajación progresiva es una técnica que involucra tensar y relajar los músculos de forma secuencial para liberar la tensión acumulada. Comienza focalizando tus pies, tensando los músculos de tus dedos de los pies durante unos segundos y luego relajándolos. Luego, repite este proceso subiendo por las piernas, el abdomen, el pecho, los brazos, el cuello y la cara. Al completar la secuencia, quedará una sensación de relajación y liberación de tensión en todo el cuerpo.

Relajación muscular:
Si te concentras en relajar los músculos, puedes sentir como la tensión y la ansiedad retroceden. Es mejor relajarse por la noche, para un sueño profundo o en un momento de intensa tensión. Para esto necesitas:

• Encuentra un lugar cómodo y tranquilo.
• Concéntrese en el grupo muscular más tenso (la mayoría de las veces son las regiones cervical y lumbar, a veces las piernas, los brazos, los músculos faciales). Aprieta durante unos 5-10 segundos.
• Exhala lentamente, relajando los músculos tensos. Esto ayuda a sentir cómo el músculo puede relajarse. Haz una pausa de unos 20 segundos, repite esto con otros grupos musculares.
• Estirar alternativamente los músculos de los pies, la parte inferior de las piernas, los muslos, las nalgas, los abdominales, los brazos y el cuello. Concéntrese en cómo se relajan. Imagina cómo el estrés y la ira retroceden junto con la tensión.

Visualización guiada:
La visualización guiada es una técnica que implica imaginar un lugar o situación relajante y placentera para reducir la ira y la ansiedad. Cierra los ojos e imagina un lugar donde te sientas tranquilo y seguro. Puede ser una playa, un bosque o cualquier lugar que te genere sensaciones de calma. Enfócate en los detalles del entorno, los sonidos, los olores y las

sensaciones. Permite que tu mente se sumerja en este lugar y siente cómo la ira se disipa.

Actividad física y ejercicio:
La actividad física y el ejercicio son formas efectivas de liberar la tensión y el estrés asociado con la ira. Salir a caminar, correr, practicar yoga o cualquier otra forma de actividad física que disfrutes puede ayudarte a canalizar la energía de la ira de manera saludable y promover una sensación de bienestar.

Al practicar regularmente estas técnicas, podemos desarrollar habilidades para manejar la ira de manera saludable y mejorar nuestra calidad de vida en general.

La Regla del Tiempo: Retrasar la reacción

La regla del tiempo es una estrategia efectiva para el manejo de la ira que consiste en retrasar la reacción inmediata ante una situación desafiante o frustrante. En lugar de reaccionar impulsivamente, la regla del tiempo nos aliena a tomar un breve período de espera antes de responder emocionalmente. Esta técnica nos da tiempo para procesar nuestras emociones, evaluar la situación de manera más objetiva y elegir una respuesta más adecuada. A continuación, exploraremos cómo aplicar la regla del tiempo para manejar la ira de manera constructiva:

• **Reconocer la ira:**
El primer paso para aplicar la regla del tiempo es reconocer que estamos experimentando ira. Presta

atención a las señales físicas y emocionales que indican que estás enojado, como la aceleración del pulso, la tensión muscular y los pensamientos negativos. Al reconocer la ira, podemos activar conscientemente la regla del tiempo antes de reaccionar.

• Tomar una pausa:

Una vez que hayamos reconocido la ira, es crucial tomar una pausa antes de responder. Esta pausa puede ser tan corta como unos segundos o más extensa, dependiendo de la intensidad de nuestras emociones. Durante esta pausa, intenta respirar profundamente para calmar el sistema nervioso y liberar la tensión acumulada.

• Evaluar la situación:

Durante la pausa, aprovecha para evaluar la situación de manera más objetiva. Pregunta a ti mismo si tus expectativas han sido violadas o si hay una verdadera amenaza. Trata de considerar las circunstancias desde diferentes perspectivas y evita interpretar automáticamente la situación de manera negativa.

• Identificar emociones subyacentes:

Como ya lo hemos citado, durante la pausa, también trata de identificar si hay emociones subyacentes que pueden estar contribuyendo a tu ira. A veces, la ira puede enmascarar otras emociones, como la tristeza, el miedo o la frustración. Identificar estas emociones subyacentes puede ayudar a abordarlas de manera más efectiva.

- **Elegir una respuesta constructiva:**

Una vez que hayas tomado la pausa y evaluado la situación, elige una respuesta emocionalmente constructiva. En lugar de reaccionar con ira y agresión, considera opciones como comunicar tus sentimientos de manera asertiva, buscar una solución pacífica o simplemente dejar ir la situación si no es relevante para tu bienestar.

- **Practicar la empatía:**

La empatía es otra habilidad valiosa para manejar la ira. Trata de ponerte en el lugar de la otra persona y entiende sus motivaciones o circunstancias. Practicar la empatía puede ayudarte a disminuir la intensidad de la ira y a fomentar una respuesta más compasiva y comprensiva.

Al practicar la regla del tiempo de manera regular, podemos desarrollar una mayor autorregulación emocional y cultivar una paz interior que contribuya a nuestro bienestar emocional general.

Comunicación Asertiva

La comunicación asertiva es una habilidad esencial para el manejo de la ira y otras emociones intensas en nuestras interacciones con los demás. La ira puede llevarnos a expresarnos de manera agresiva o pasiva-agresiva, lo que puede generar conflictos y deteriorar nuestras relaciones. La comunicación asertiva nos permite expresar nuestras emociones y necesidades de manera clara, respetuosa y constructiva, promoviendo una comunicación efectiva y relaciones más saludables. A continuación, exploraremos cómo aplicar la comunicación asertiva para el manejo de la ira:

• **Reconocer y validar las emociones:**
Cuando sientas que la ira surge durante una conversación, toma un momento para reconocer y validar tus emociones. Puedes decirte a ti mismo: "Estoy sintiendo ira en este momento, y está bien tener esta emoción". Validar tus emociones te ayuda a conectarte contigo mismo y a evitar que la ira se manifieste de manera descontrolada. Recuerda, si algo te molesta, es porque eres humano con sentimientos.

• **Escucha activa:**
Antes de responder, practica la escucha activa. Presta atención a lo que la otra persona está diciendo sin interrumpir y trata de comprender su punto de vista. La escucha activa demuestra respeto y apertura, lo que puede ayudar a reducir la intensidad de la ira y facilitar una comunicación más constructiva.

Una persona en el escenario debe saber escuchar porque la conversación es un proceso bidireccional. En muchos casos, la forma en que reaccionamos es obviamente incorrecta porque podemos malinterpretar lo que dice la otra persona. Para escuchar bien, lo mejor es cerrar los labios y escuchar más. Puede ser difícil de seguir si no estás acostumbrado, pero una vez que comiences, es muy probable que se transforme en un buen hábito.

- ### **Usa "Yo" en lugar de "Tú":**

Cuando expreses tus emociones o necesidades, utiliza declaraciones que empiezan con "yo" en lugar de "tú". Por ejemplo, en lugar de decir "Tú siempre me haces enojar", puedes decir "Me siento frustrado cuando suceden estas situaciones". De esta manera, evitas culpar a la otra persona y te enfocas en tus propias emociones.

- ### **Habilidad importante para evitar las rabietas**

Esta técnica de curación funciona para muchas personas y es una de las más fáciles de realizar. Cuando alguien te pide que cumplas una petición que es demasiado exigente o absurda para ti, es prudente responder con ironía en lugar de enojarte. Por ejemplo, puedes responder preguntándole a la persona si quiere que le cumplas el pedido "servido en un plato".

- ### **Expresa tus sentimientos y necesidades:**

Comunica tus sentimientos y necesidades de manera clara y directa. Por ejemplo, puedes decir: "Me siento herido cuando no me incluyen en las decisiones" o "Necesito que me escuches cuando comparto mis preocupaciones". Expresar tus emociones y necesidades te ayuda a comunicarte de manera auténtica ya evitar que la ira se acumule sin ser expresada.

- ### **Usa el humor:**

Al usar el humor, logras reírte de las situaciones negativas. Trata de validar lo sucedido como si realmente te hicieran un favor y evitarás un daño mayor que podría haberte ocurrido. Por ejemplo, si tu espacio de estacionamiento está ocupado por otra persona, podría valer la pena mencionar que es mejor así, porque si no fuera por la persona que ocupa el espacio, tu automóvil podría ser robado.

- **Mantén la calma:**

Durante la comunicación, es importante mantener la calma y evitar reaccionar impulsivamente ante comentarios o acciones desencadenantes. Respira profundamente si sientes que la ira está aumentando y recuerda que puedes elegir cómo responder.

Las situaciones provocativas deben verse desde las tres caras de la moneda, no desde las dos. Tal vez la persona que te lastimó no lo dijo en serio en primer lugar y no entendiste las acciones de esta persona. Evita repetir el hábito de pensar solo en ti, porque en algunos casos puedes equivocarte. Muchas ofensas son simples malentendidos que pueden superarse tomándose el tiempo para comprender completamente la situación.

- **Busca Soluciones Constructivas:**

Enfoca la comunicación en buscar soluciones constructivas en lugar de centrarte en echar culpas o atacar a la otra persona. Trata de encontrar un terreno común y trabajar juntos para resolver cualquier conflicto o desafío que estén enfrentando.

La comunicación asertiva te permite expresar tus emociones y necesidades de manera respetuosa, promoviendo una mayor comprensión y empatía en tus interacciones con los demás.

Técnicas de Resolución de Problemas para el Manejo de la Ira

Las técnicas de resolución de problemas son herramientas útiles para el manejo de la ira, ya que nos permiten abordar las situaciones que nos provocan enojo de manera constructiva y efectiva. Al enfrentarnos a desafíos y conflictos de manera estratégica, podemos reducir la probabilidad de que la ira se intensifique y desarrollar soluciones que satisfagan nuestras necesidades y las de los demás. A continuación, exploraremos algunas técnicas de resolución de problemas que puedes aplicar para manejar la ira de manera saludable:

• **Define el problema claramente:**
El primer paso en la resolución de problemas es definir claramente cuál es el problema que está provocando tu ira. A veces, la ira puede surgir debido a malentendidos o expectativas no cumplidas. Identificar con precisión el problema te ayudará a enfocar tus esfuerzos de manera más efectiva.

• **Genera posibles soluciones:**
Una vez que hayas identificado el problema, genera tantas soluciones posibles como puedas. No te limites en esta etapa y no descartes ninguna idea, por más inusual que parezca. Cuantas más opciones tengas, más probabilidad tendrás de encontrar una solución que funcione para ti y para los demás involucrados.

• **Evalúa las consecuencias:**
Analiza las posibles soluciones y evalúa las consecuencias de cada una. Considera cómo cada

opción afectaría a todas las partes involucradas, incluyéndote a ti mismo. Evalúa las ventajas y desventajas de cada alternativa y cómo se alinea con tus valores y objetivos.

• **Elige la mejor solución:**
Después de evaluar las posibles soluciones, elige la opción que consideras más adecuada para abordar el problema y reducir la ira. Toma en cuenta no solo las consecuencias a corto plazo, sino también cómo esta decisión afectará a largo plazo tus relaciones y bienestar emocional.

• **Comunica la solución asertivamente:**
Una vez que hayas elegido la mejor solución, comunícala de manera asertiva a las personas involucradas. Explica tus razones y cómo crees que esta solución beneficia a todos. Utiliza la comunicación asertiva para expresar tus necesidades y escuchar las de los demás.

• **Implementa y reevalúa:**
Pon en práctica la solución y observa cómo funciona en la realidad. Si es necesario, realiza ajustes y reevalúa la situación periódicamente para asegurarte de que la solución sigue siendo efectiva y satisfactoria.

Al aplicar estas técnicas, podemos abordar los desencadenantes de nuestra ira de manera constructiva y desarrollar habilidades para manejar situaciones difíciles de manera más efectiva.

Practicar la Empatía y la Perspectiva:

La empatía y la perspectiva son habilidades fundamentales para el manejo de la ira, ya que nos permiten comprender y relacionarnos con las experiencias y emociones de los demás de manera compasiva y comprensiva. La ira puede nublar nuestra capacidad de ver las cosas desde el punto de vista de los demás y aumentar los conflictos en nuestras relaciones. Practicar la empatía y la perspectiva nos ayuda a desarrollar una mayor conexión con los demás y a reducir la intensidad de la ira. A continuación, exploraremos cómo aplicar la empatía y la perspectiva para manejar la ira de manera saludable:

• **Escucha Activa:**
La escucha activa es una parte esencial de la empatía. Presta atención de manera genuina a lo que la otra persona está diciendo, sin interrumpir ni juzgar. Asegúrate de comprender su punto de vista antes de responder.

• **Ponte en su lugar:**
Trata de ponerte en el lugar de la otra persona y ver la situación desde su punto de vista. Considera sus experiencias, emociones y circunstancias que pueden estar influyendo en su comportamiento. Esto te ayudará a comprender mejor tus reacciones y a reducir la hostilidad o el resentimiento.

• **Reconoce las emociones del otro:**
Reconoce las emociones de la otra persona y valida lo que están sintiendo, incluso si no estás de acuerdo con sus acciones o puntos de vista. Comprender que todos

experimentamos emociones válidas nos permite ser más compasivos con los demás.

• **Busca el entendimiento:**
En lugar de centrarte en ganar la discusión o demostrar que tienes razón, busca el entendimiento mutuo. Pregunta a otra persona sobre sus preocupaciones, necesidades y expectativas. Demuestra interés genuino en lo que están compartiendo.

• **Evita los juicios:**
Evita hacer evaluaciones rápidas sobre la otra persona o su comportamiento. La ira puede llevarnos a emitir juicios negativos, pero es importante recordar que cada individuo tiene su propia historia y circunstancias únicas.

• **Encuentra un punto en común:**
Busca un punto en común que puedan compartir. En lugar de enfocarte en las diferencias, céntrate en aquello en lo que ambos están de acuerdo. Esto puede ayudar a disminuir la tensión y promover un diálogo más constructivo.

Prevenir es ganar

Si los ataques de ira te hacen enloquecer y tirar todo, entonces debes tener en cuenta algunas técnicas que pueden prevenir los arrebatos de ira.

- **Planifica tus acciones**

Si planificas tus acciones con anticipación, en las etapas iniciales de la ira, se puede prevenir. Por ejemplo, puedes hacer una pausa en alto voltaje o tomar temas desagradables en una dirección diferente.

- **Sintoniza lo positivo**

Si eres optimista, entonces las situaciones que causan irritación serán muchas menos. Es mejor decirse siempre frases alentadoras, prestar atención a la motivación interna, deshacerse de los irritantes.

- **Mira las situaciones desde diferentes ángulos.**

La mayoría de las veces, la ira es causada por el resentimiento y el desacuerdo. Pero si esto sucede con demasiada frecuencia, entonces vale la pena enfriarse, sopesar todos los pros y los contras, mirar la situación desde un ángulo diferente.

- **Aprende meditación o practica yoga.**

Las meditaciones te ayudarán a mantener tu cuerpo y mente en equilibrio y, lo que es más importante, te enseñarán cómo manejar las emociones, dejar de lado la negatividad y pensar con una cabeza fresca.

- **Escucha música relajante.**

La música es una de las mejores formas de liberar la ira y el estrés. Pero estamos hablando solo de géneros musicales tranquilos y no agresivos. Por ello, merece la pena crear una lista de reproducción con clásicos relajantes, indie, country o reggae. Elige las mejores canciones, escúchalas cuando la ira te supere.

- **Sigue un régimen.**

La ira también se manifiesta como resultado del exceso de trabajo. Cansados, queremos que el mundo que nos rodea no nos moleste. Y cuando sucede lo contrario, nos sumergimos en el estrés. Para evitar esto, debes seguir un modo de vida sano, descansar y dormir profundamente.

Para normalizar rápidamente una condición de ira, pon tu cuerpo en orden. A veces basta con salir del estupor, para sacudir las cosas. Por ejemplo, ante esa situación es mejor ponerse zapatillas y salir a correr: después de una hora de carrera será más fácil. Una caminata al aire libre cambia el estado interno, y si después de eso puedes acostarte, relajarte o incluso dormir, te despertarás en un estado de calma.

- **Cambio de atención**

Si estás distraído, ya estás medio tranquilo. La pregunta es ¿cómo distraerme? A veces ayuda pensar en lo que está sucediendo en tu cerebro en ese momento, cómo ayudar a sus lóbulos frontales a desactivar la actividad de la amígdala. Comienzas a considerar tu ira desde el exterior: ¿qué es? ¿Cómo se ve? ¿Dónde se concentra? Por lo general, una emoción tiene un centro: el miedo, por ejemplo, vive en la garganta y en los hombros. Encuentra la ubicación de tu ira y trata de relajar esos músculos que están tensos. Es poco probable que te enfríes instantáneamente; pero si te masajeas mentalmente esas partes tensas y agregas palabras tranquilizantes, el efecto sobreviene.

- Una simple conversación con la persona que sueles tener problemas ayudará a prevenir un estado lamentable. Descubrir la relación puede prevenir muchas situaciones desagradables.

• Acudir a un psicólogo será una buena opción cuando no puedas hacer frente a sus propias emociones o ninguna técnica funcione.

• No tiene mucho sentido luchar contra las rabietas mientras estás estresado. La ira se "alimenta" de tu tensión, y cuanto más te esfuerzas por lidiar con ella, más se fortalece tu ira. En lugar de luchar contra la ira, trata de relajarte, te dará un efecto mucho mejor.

• La ira a menudo toma la forma de resentimiento o es un elemento de ella, por lo que trabajar con la ira se superpone y es similar a trabajar con el resentimiento de muchas maneras. En consecuencia, comienza a resolverlo de la misma manera que se resuelven los motivos del resentimiento.

• En los casos de arrebato y cambio de ira, cuando sientes que estás listo para desatar una rabieta, porque la ira te abruma, entonces busca una oportunidad para expresar tu ira, gritarla, tirarla o reaccionar de una forma u otra. Uno de los procedimientos más simples y comunes es ventilar la ira en una dirección segura. Los chinos a menudo comienzan la mañana corriendo a la montaña más cercana (una pequeña colina boscosa) y gritando a todo pulmón durante 5-10 minutos, salpicando su ira y agresión. Después de eso, limpios, satisfechos y sonrientes, corren colina abajo.

• Usa artículos antiestrés: En las tiendas puedes encontrar estos juguetes para distraer tu atención.

Este tipo de relajación es más seguro (no es necesario romper, derramar, destruir nada) e interesante. Los juguetes funcionan gracias a las agradables sensaciones táctiles. Son diferentes (juguetes con rellenos, líquidos, de materiales suaves, agradables al tacto), por lo que será fácil elegir los que más te gusten. Una buena alternativa a los juguetes serán los libros para colorear antiestrés. Estas páginas para colorear con muchos elementos son adecuadas para todas las edades. Entonces puedes deshacerte de la ira e incluso hacer un dibujo.

La ira es un sentimiento que todo el mundo experimenta. Pero su aparición no siempre es la deseable, y las consecuencias suelen ser irreversibles.

En este capítulo, hemos explorado diversas herramientas y estrategias para reconocer y gestionar la ira de manera constructiva. Controlar la ira es importante por varias razones. Primero, la ira puede causar daño físico y emocional a uno mismo y a las personas que te rodean. Puede llevarte a comportamientos impulsivos y poco racionales, lo que puede tener consecuencias negativas en las relaciones, el trabajo y la vida en general. Además, la ira crónica puede aumentar el riesgo de enfermedades del corazón y otros problemas de salud. Aprender a controlar la ira puede ayudarte a mejorar las relaciones, reducir el estrés y mejorar la salud física y mental en general. Las habilidades emocionales nos permitirán abordar la ira con mayor conciencia y control, mejorar nuestras relaciones y promover un bienestar emocional general. Al aprender a aplicar estas herramientas de manera consistente, estaremos mejor equipados para enfrentar desafíos emocionales con una mayor sensación de calma y confianza en nosotros mismos. El próximo capítulo nos ayudará a explorar cómo podemos transformar la próxima ira en una fuerza positiva en nuestras vidas.

Capítulo 4
La importancia de la Comunicación Asertiva

La comunicación asertiva es una habilidad crucial para el manejo efectivo de la ira y el mantenimiento de relaciones saludables. En este capítulo, exploraremos en detalle cómo la comunicación asertiva puede ayudarnos a expresar nuestras emociones, incluida la ira, de manera respetuosa y constructiva. Aprenderemos técnicas para comunicarnos de manera clara, directa y empática, lo que nos permitirá resolver conflictos y evitar respuestas agresivas o pasivas en situaciones desafiantes.

Fundamentos de la Comunicación Asertiva:

La comunicación asertiva es una habilidad fundamental para el manejo de la ira y otras emociones intensas. Se basa en nuestras necesidades, emociones y opiniones de manera clara y respetuosa, sin violar los derechos de los demás ni permitir que se violen los nuestros. La comunicación asertiva nos permite establecer límites adecuados, resolver conflictos de manera constructiva y mantener relaciones saludables. A continuación, exploraremos los fundamentos de la comunicación asertiva y cómo aplicarlos para manejar la ira de manera saludable:

Expresión directa:
La comunicación asertiva implica expresar nuestros pensamientos y emociones de manera directa y sin rodeos. En lugar de usar indirectas o insinuaciones, habla de manera clara y específica sobre cómo te sientes y lo que necesitas.

Respeto a uno mismo y a los demás:
La comunicación asertiva se basa en el respeto propio y hacia los demás. Reconoce tus derechos y necesidades, y también reconoce los derechos y necesidades de los demás. Evita ser agresivo o pasivo-agresivo en tus interacciones.

Uso de "Yo" en lugar de "Tú":
Al comunicar tus emociones o necesidades, utiliza declaraciones con "yo" en lugar de acusar con el "tú". Por ejemplo, en lugar de decir "tú siempre haces esto", di "yo me siento incómodo cuando sucede esto".

Escucha activa:
La comunicación asertiva también implica escuchar activamente a los demás. Presta atención a lo que están diciendo sin interrumpir y demuestra interés genuino en sus puntos de vista.

Resolución de conflictos:
Utiliza la comunicación asertiva para abordar los conflictos de manera constructiva. Enfoca la conversación en encontrar soluciones y llegar a acuerdos que satisfagan a ambas partes.

Debes eeflejar claramente el proceso de pensamiento relevante en un marco de diálogo interno específico. En muchos casos, las personas crean enormes montañas en sus cerebros con problemas muy triviales. En otras palabras, exageramos la situación más de lo que realmente sucedió. La mejor manera de lidiar con la ira es sofocarla antes de que comience.

Aceptación de la negativa:
La comunicación asertiva implica aceptar que los demás tienen derecho a decir "no" a nuestras solicitudes o propuestas. Respeta sus decisiones y no insistas o presiones para obtener lo que deseas.

Empatía y Comprensión:
Practica la empatía y la comprensión en tus interacciones. Trata de ver las situaciones desde la perspectiva de los demás y comprende las emociones y necesidades del otro.

Control emocional:
La comunicación asertiva requiere control emocional para evitar respuestas impulsivas o agresivas. Aprende a manejar tus emociones y expresarlas de manera calmada y respetuosa.

Al aplicar estos fundamentos, podemos comunicarnos de manera efectiva y respetuosa, manejar la ira de manera saludable y desarrollar relaciones más equilibradas y satisfactorias.

Reconociendo patrones de comunicación inefectivos

El reconocimiento de patrones de comunicación inefectivos es fundamental para el manejo de la ira, ya

que nos permite identificar comportamientos y
actitudes que pueden estar contribuyendo al aumento
de la intensidad emocional y a la dificultad para
resolver conflictos de manera constructiva. Al
reconocer estos patrones, podemos implementar
cambios positivos en nuestra forma de comunicarnos
y fomentar relaciones más saludables. A continuación,
exploraremos algunos patrones de comunicación
ineficaces y cómo reconocerlos en nuestras
interacciones:

Comunicación agresiva:

El patrón de comunicación agresiva implica expresar
nuestras necesidades y emociones de manera ofensiva,
hostil o dominante. Este estilo de comunicación tiende
a intimidar o culpar a los demás y puede generar
conflictos y distanciamiento en las relaciones.

Señales de comunicación agresiva:

• Usando un tono de voz elevado o amenazante.
• Hacer sospechar o culpar a otros sin tener en
cuenta sus puntos de vista o pruebas que lo ameriten.
• Usar lenguaje insultante o despectivo.
• Interrumpir constantemente a los demás
durante una conversación.

Comunicación Pasiva:

Implica expresar nuestras necesidades y emociones de
manera sumisa o retraída, impidiendo confrontaciones
o expresando nuestra opinión. Este estilo de
comunicación puede dar lugar a la represión de
emociones y a la acumulación de resentimiento.

Señales de comunicación pasiva:

• Dificultad para expresar lo que sentimos o necesitamos.
• Evitar confrontaciones incluso cuando estemos molestos o disconformes.
• Decir "sí" a solicitudes que no queremos cumplir para evitar conflictos.
• No defender nuestros derechos o necesidades.

Comunicación Pasivo-Agresiva:
Es una combinación de comportamientos pasivos y agresivos. Implica expresar nuestras necesidades o discrepar de manera indirecta o sutilmente hostil, lo que puede generar confusión y conflictos no resueltos.

Señales de comunicación pasivo-agresiva:

• Hacer comentarios sarcásticos o irónicos en lugar de expresar claramente nuestras preocupaciones.
• Procrastinar o incumplir con tareas o responsabilidades para expresar nuestro descontento.
• Usar el silencio o el desprecio como respuesta a situaciones de conflicto.

Comunicación Manipuladora:
Implica utilizar tácticas para influir o controlar a los demás de manera encubierta. Este estilo de comunicación puede generar desconfianza y deterioro en las relaciones.

Señales de comunicación manipuladora:

• Utilizar el chantaje emocional para conseguir lo que deseamos de los demás.
• Usar el victimismo para evadir responsabilidades o conseguir simpatía.
• Culpar a otros por nuestros propios problemas o emociones.

Al identificar estos patrones en nuestras interacciones, podemos implementar cambios positivos en nuestra comunicación, como la práctica de la comunicación asertiva, la escucha activa y la empatía. Al mejorar nuestras habilidades de comunicación, podemos manejar la ira de manera más efectiva y cultivar relaciones más equilibradas y satisfactorias.

La escucha empática

La escucha empática es una parte esencial de la comunicación asertiva. Aprenderemos cómo desarrollar esta habilidad al ponerse en el lugar de la otra persona, mostrando comprensión y empatía hacia sus puntos de vista y sentimientos. La escucha empática puede desarmar situaciones tensas y fomentar un ambiente de respeto mutuo. A continuación, exploraremos qué implica la escucha empática y cómo aplicarla para manejar la ira de manera efectiva:

- **Presencia y atención plena:**

La escucha empática comienza con estar presente y prestar atención plena a la otra persona. Apaga las distracciones, como dispositivos electrónicos, y concéntrate en la conversación. Demuestra a la otra persona que te importa y estás dispuesto a escuchar.

- **Escucha activa:**

Escucha activamente lo que el otro está diciendo sin interrumpir ni anticipar su respuesta. Permítele expresar sus pensamientos y emociones de manera completa antes de responder. Evita hacer juicios o interpretaciones prematuras.

- **Sin juzgar:**

La escucha empática implica suspender cualquier juicio o crítica hacia la otra persona. Acepta sus emociones y perspectivas tal como son, sin intentar cambiarlas o invalidarlas.

- **Valida sus emociones:**

Reconoce y valida las emociones de la otra persona. Puedes expresar frases como "entiendo que te sientas así" o "parece que esto te está incomodando profundamente". La validación de las emociones demuestra empatía y comprensión.

- **Hacer preguntas abiertas:**

Utiliza preguntas abiertas para fomentar una conversación más profunda y permitir que la otra persona exprese sus pensamientos y sentimientos con mayor detalle. Preguntas como "¿cómo te sientes acerca de esto?" o "¿puedes compartir más sobre lo que te preocupa?" pueden facilitar la comunicación.

- **Reflejar y resumir:**

Refleja los sentimientos y pensamientos de la otra persona para demostrar que estás escuchando y comprendiendo. Resumir lo que han compartido también puede ayudar a clarificar y reforzar lo que han aumentado.

- **Mostrar empatía y apoyo:**

Muestra empatía y apoyo hacia la otra persona, especialmente si están pasando por una situación difícil o estresante. Puedes ofrecer palabras de aliento o un gesto de compasión para demostrar que te preocupas por su bienestar.

- **Evitar interrumpir o dar soluciones prematuras:**

Evita interrumpir a la otra persona o saltar a dar soluciones antes de que hayan terminado de hablar. Permítele expresarse completamente antes de ofrecer consejos o sugerencias. Recuerda, muchas personas cuando relatan sus problemas no están buscando una solución, sino alivio con la charla.

La escucha empática nos permite comprender las emociones y necesidades de los demás, lo que puede reducir la intensidad de la ira y promover una mayor comprensión mutua.

Afrontar los conflictos con la comunicación asertiva

En este apartado, exploraremos cómo abordar los conflictos con una comunicación asertiva, y a manejar situaciones desafiantes de manera calmada y constructiva, evitando el uso de la ira como un mecanismo de defensa. También discutiremos cómo buscar soluciones beneficiosas y evitar la escalada de conflictos.

Los conflictos son inevitables en las relaciones humanas, y la manera en que los enfrentamos puede tener un impacto significativo en nuestro bienestar emocional y en la calidad de nuestras relaciones. Afrontar los conflictos con la comunicación asertiva es una estrategia efectiva para el manejo de la ira y la resolución constructiva de desacuerdos. Al utilizar la comunicación asertiva en situaciones conflictivas, podemos expresar nuestras necesidades de manera respetuosa y evitar que la ira se intensifique. A continuación, exploraremos cómo afrontar los conflictos con la comunicación asertiva:

• **Escoge el momento y el lugar adecuado:**
Afrontar un conflicto requiere un enfoque cuidadoso. Escoge el momento y el lugar adecuado para abordar la situación. Busca un entorno privado y un momento en el que ambas partes estén calmadas y dispuestas a hablar.

• **Inicia la conversación de forma constructiva:**
Empieza la conversación de manera constructiva y asertiva. Usa el "yo" para expresar tus emociones y necesidades sin culpar o acusar a la otra persona. Por ejemplo, puedes decir "Me siento frustrado cuando..." en lugar de "Tú siempre haces..."

- **Escucha atentamente:**

Debes prestar atención a cada palabra y gesto que formule el otro mientras expresan sus puntos de vista y preocupaciones. Demuestra empatía y comprensión, incluso si no estás de acuerdo con lo que están diciendo. Respeta su derecho a tener una perspectiva diferente.

- **Evita interrumpir y mantén la calma:**

Respira profundamente si sientes que la ira comienza a aumentar y trata de mantener un tono de voz calmado y respetuoso.

- **Enfoca la conversación en soluciones:**

En lugar de centrarte en culpar o discutir sobre el pasado, enfoca la conversación en buscar soluciones para el conflicto. Pregunta a la otra persona sobre posibles formas de resolver la situación de manera satisfactoria.

- **Acepta responsabilidad si es necesario:**

Si en el conflicto has tenido alguna responsabilidad, acepta tus errores y discúlpate si es necesario. La honestidad y la disposición para asumir la responsabilidad pueden fortalecer la confianza en la relación.

- **Establece acuerdos claros:**

Al llegar a una solución, establece acuerdos claros y realistas para evitar conflictos futuros. Asegúrate de que ambas partes estén de acuerdo con las acciones que se tomarán y los compromisos que se harán.

• No temas pedir ayuda profesional si es necesario:

Si el conflicto es muy complejo o persistente, no temas pedir ayuda profesional de un mediador o terapeuta. Un tercero imparcial puede facilitar la comunicación y la resolución del conflicto.

Al aplicar estas estrategias, podemos manejar la ira de manera más efectiva y resolver desacuerdos de manera constructiva, lo que promoverá un mayor bienestar emocional y relaciones más equitativas.

Practicando la comunicación asertiva en la vida diaria:

La comunicación asertiva es una habilidad que se perfecciona con la práctica. En este último apartado, aprenderemos cómo incorporar la comunicación asertiva en nuestras interacciones diarias con familiares, amigos, compañeros de trabajo y otras personas importantes en nuestras vidas. A continuación, exploraremos cómo practicar la comunicación asertiva en la vida diaria:

• Comunicación con familiares y amigos:

Practica la comunicación asertiva en tus interacciones con familiares y amigos. Expresa tus emociones y necesidades de manera abierta y respetuosa. Escucha activamente y muestra interés hacia los sentimientos de los demás. Establece límites claros y evita conflictos necesarios al expresar tus preocupaciones de manera constructiva.

• **Comunicación en el ámbito laboral:**

En el trabajo, practica la comunicación asertiva al expresar tus opiniones y sugerencias en reuniones o en conversaciones con compañeros y superiores. Asegúrate de ser claro y específico con tus mensajes, y evita la comunicación pasiva o agresiva. Aprende a decir "no" de manera asertiva cuando sea necesario, sin sentirte culpable.

• **Manejo de conflictos cotidianos:**

Evita la tendencia a reprimir tus emociones o explotar en ira. En su lugar, expresa tus preocupaciones y desacuerdos de manera calmada y respetuosa, buscando soluciones constructivas en conjunto.

• **Acepta feedback y críticas:**

Cuando recibas comentarios o críticas, practica la escucha activa y la apertura para entender la perspectiva de los demás. Evita ponerte a la defensiva y responde de manera asertiva si necesitas aclarar algún punto o expresar tu punto de vista.

• Expresa agradecimiento y reconocimiento:

Practica la comunicación asertiva al expresar agradecimiento y reconocimiento a los demás. Expresa tus apreciaciones de manera sincera y específica, lo que puede fortalecer las relaciones y promover un ambiente positivo.

• **Práctica la empatía y la perspectiva:**

En todas tus interacciones, practica la empatía y la perspectiva. Trata de comprender las emociones y necesidades de los demás y muestra interés genuino por sus puntos de vista. La empatía y la perspectiva pueden contribuir significativamente a una comunicación asertiva y al manejo efectivo de la ira.

• **Reflexión sobre tus comunicaciones:**

Después de las interacciones, reflexiona sobre tus comunicaciones. Identifica áreas en las que podrías mejorar tu habilidad para comunicarte asertivamente. Valora tus logros y aprendizajes para continuar desarrollando esta habilidad.

• **Técnica del Disco Rayado:**

La técnica del disco rayado consiste en repetir tu punto de vista o necesidad de manera calmada y firme, si la otra persona incluso no está de acuerdo o intenta interrumpirte. Por ejemplo, si estás expresando una necesidad y la otra persona te ignora, continúa repitiéndola de manera respetuosa hasta que te escuche.

• **Aprender a decir "No":**

Decir "no" de manera asertiva es fundamental para establecer límites adecuados y evitar dañarte con cosas que no deseas o que no te convienen.

• **Establece límites y prioridades:**

Aprende a establecer límites claros en tus responsabilidades y compromisos. A veces, decir "no" a tareas adicionales o actividades que no te beneficien puede ayudarte a evitar el estrés innecesario o discusiones estériles.

La comunicación asertiva te permitirá expresar tus necesidades y emociones de manera clara y respetuosa, reducir la intensidad de la ira y promover relaciones más equilibradas y satisfactorias. Al seguir practicando y refinando esta habilidad, cultivarás una vida más equilibrada y enriquecedora y promoverás tu bienestar emocional general.

Capítulo 5
Transformando la ira
en una Fuerza Positiva

En este capítulo, exploraremos cómo podemos transformar la ira en una fuerza positiva y constructiva en nuestras vidas. Aprenderemos a canalizar esta emoción poderosa de manera saludable para abordar los desafíos y convertirla en una fuente de motivación, empoderamiento y crecimiento personal. Al adoptar una perspectiva más equilibrada hacia la ira, podemos utilizarla como una herramienta para el autodescubrimiento y el desarrollo personal.

Reconociendo el propósito de la ira en el manejo emocional

La ira es una emoción humana natural y normal que todos experimentamos en algún momento de nuestras vidas. Aunque a menudo se asocia con algo negativo, la ira puede tener un propósito importante si la comprendemos y manejamos adecuadamente. Reconocer el propósito de la ira es esencial para el manejo emocional y nos permite utilizarla de manera constructiva en lugar de dejar que nos controle. A continuación, exploraremos el propósito de la ira y cómo podemos utilizarla de manera saludable:

- **Indicador de inconformidad:**

La ira puede ser un indicador de inconformidad o insatisfacción con una situación o circunstancia. Nos señala que algo en nuestro entorno no está en línea con nuestros valores, deseos o necesidades. Reconocer este propósito nos permite identificar lo que nos molesta y abordar la fuente del malestar de manera constructiva.

- **Movilización de acción:**

La ira puede movilizarnos hacia la acción. Cuando sentimos ira ante una injusticia o una situación problemática, esta emoción nos impulsa a tomar medidas para resolver el problema o defender nuestros derechos. La ira puede ser un motor para el cambio positivo y la búsqueda de soluciones.

- **Protección y defensa:**

En algunas situaciones, la ira puede servir como mecanismo de protección y defensa. Nos ayuda a establecer límites y protegernos ante amenazas reales o percibidas. La ira puede activarse para mantenernos a salvo en momentos de peligro.

- **Liberación de Tensión Emocional:**

Experimentar ira también puede ser una forma de liberar la tensión emocional acumulada. Cuando nos sentimos frustrados, molestos o estresados, la ira puede ser una vía para liberar esa tensión y restaurar nuestro equilibrio emocional.

- **Reafirmación de la identidad:**

La ira puede ser una forma de reafirmar nuestra identidad y autonomía. Al expresar nuestra ira de manera asertiva, mostramos que estamos dispuestos a defender nuestros derechos y valores, lo que puede fortalecer nuestra autoestima.

• **Motivación para el cambio personal:**
Cuando la ira surge a raíz de nuestras propias acciones o comportamientos, puede ser una señal para reflexionar y motivarnos hacia el cambio personal. Nos ayuda a reconocer áreas en las que podemos mejorar y crecer como individuos.

Al comprender el propósito detrás de nuestra ira, podemos utilizarla como una herramienta para mejorar nuestra vida y relaciones, en lugar de dejar que nos controle o cause daño. En los siguientes apartados, exploraremos más herramientas y estrategias para el manejo efectivo de la ira y el desarrollo de una mayor autorregulación emocional, lo que nos permitirá cultivar una vida más equilibrada y enriquecedora.

Practicando la Autogestión Emocional

Una vez que reconocemos la ira, necesitamos aprender a autogestionarla de manera efectiva.

La autogestión emocional es una habilidad clave para el manejo efectivo de esta emoción. Implica la capacidad de reconocer, comprender y regular nuestras emociones de manera consciente y constructiva. Al practicar la autogestión emocional, podemos manejar la ira de manera saludable y evitar que nos domine y afecte negativamente nuestras relaciones y bienestar general. A continuación, exploraremos cómo practicar la autogestión emocional:

• **Autoconciencia**

El primer paso para la autogestión emocional es la autoconciencia. Reconoce tus emociones, incluida la ira, cuando surjan. Presta atención a las señales físicas y mentales que te indican que estás comenzando a sentir ira, como el aumento del ritmo cardíaco, la tensión muscular o los pensamientos negativos.

• **Identifica los desencadenantes**

Pueden ser ciertas situaciones, personas o pensamientos que activan la emoción. Al reconocer estos desencadenantes, podrás abordarlos de manera más efectiva y evitar que la ira se intensifique.

• **Práctica la Autorregulación**

Una vez que eres consciente de tu ira y sus desencadenantes, practica la autorregulación emocional. Toma medidas para calmarte, como practicar técnicas de relajación, respiración profunda o dar un paso atrás para reflexionar antes de reaccionar.

Si la situación empeora, simplemente aléjate, ya que es la manera más fácil y efectiva de evitar el conflicto. Es mejor desahogar tu ira tú mismo que incluir a la otra persona y exagerar las cosas. Una vez que estés lejos del atacante, puedes seguir gritando o simplemente hablar para liberar el exceso de estrés. Cuando vuelvas a sentirte tranquilo, puedes reunir el coraje para confrontar al perpetrador. La ira es una emoción y, como todos sabemos, las emociones en muchas situaciones a menudo nos llevan a tomar decisiones irracionales en situaciones de emergencia.

Nunca "busques" activamente las razones últimas por las que deberías estar enojado con el presunto ofensor, porque seguramente las encontrarás, porque ya están en su mente. No alivies el estrés creando tensión con personas inocentes que no tienen nada que ver con tus problemas o con el atacante. También pueden meterte en problemas si lo haces, incluso si ese no era tu plan. Encuentra maneras de mejorar tu estrés sin molestar a los demás. Recuerda que las palabras de enojo pueden dañar las relaciones, así que ten mucho cuidado al elegir palabras que no estén relacionadas con tu estado emocional.

- **Reevalúa tus pensamientos**

Examina tus pensamientos y creencias que pueden estar contribuyendo a tu ira. A menudo, las interpretaciones negativas o irracionales pueden aumentar la intensidad de la emoción. Trata de reevaluar tus pensamientos y buscar perspectivas más realistas y equilibradas.

Cálmate cuando estés molesto. A veces, las personas están tan estresadas que solo provocan estallidos de ira que se salen de proporción.
En tal situación, lo mejor es tratar de mantener la calma y la serenidad. Es posible que desees considerar mantenerte lo más ocupado posible para evitar que te recuerden a la persona que te lastimó.

Los expertos en manejo de la ira dicen que a veces uno de los mejores tratamientos necesarios para una solución efectiva es la distracción mental. Puedes dar un paseo por el parque, darte una ducha o leer un libro, dándote suficiente tiempo para concentrarte en otras cosas. Esto ayudará a distraer tu mente de los pensamientos perturbadores que provocan los perpetradores de la ira. Las escenas ruidosas solo te harán enojar. Cuando te encuentras en un estado mental preocupante, lo mejor que puedes hacer es encontrar suficiente espacio para ordenar tus pensamientos. Si te encuentras en un entorno ruidoso, aléjese y busca un lugar tranquilo. Pasa unos minutos a solas y lejos de otras personas que puedan ponerte nervioso.

• **Practica el Autocuidado**

El autocuidado es esencial para la autogestión emocional. Dedica tiempo a cuidar de ti mismo, tanto física como emocionalmente. Duerme lo suficiente, come de manera saludable, haz ejercicio y dedica tiempo a actividades que te gusten y te relajan.

El ejercicio físico ayuda a deshacerse de la ira. La actividad física libera endorfinas (hormonas de la felicidad) que nos hacen sentir frescos, alegres y enérgicos. Gracias al entrenamiento se puede, como dicen, "desahogarse", dirigir la adrenalina generada en la dirección adecuada. El ejercicio regular no solo ayuda a eliminar los rastros de estrés e ira, sino que también sirve como una buena prevención para reducir el nivel de ira y enojo. Si no puedes asignar tiempo para un entrenamiento a largo plazo, puedes dedicar de 5 a 10 minutos a los ejercicios en tu hogar: haz un ejercicio ligero de calentamiento y luego movimientos aeróbicos que puedes buscar en internet.

Esto ayudará a aliviar la fatiga, o a distraerte brevemente del trabajo.

- **Desarrolla la Resiliencia Emocional**

La resiliencia emocional implica la capacidad de enfrentar y recuperarse de situaciones estresantes o emocionalmente desafiantes. Debes practicar el desarrollo de la resiliencia emocional al enfrentar los obstáculos y aprender de las dificultades, en lugar de dejarte abrumar por la ira.

- **Aprende de tus experiencias**

Cada vez que experimentes ira, reflexiona sobre la situación y tus reacciones. Aprende de tus experiencias y busca formas de manejar la ira de manera más efectiva en el futuro. La reflexión y el aprendizaje te ayudarán a mejorar tu autogestión emocional con el tiempo.

- **Busca apoyo si es necesario**

Si sientes que la ira es abrumadora o difícil de manejar por tu cuenta, busca apoyo emocional. Habla con amigos, familiares o un profesional de la salud mental que pueda ayudar a desarrollar estrategias para la autogestión emocional.

La autogestión emocional te permite cultivar una vida más equilibrada y enriquecedora, y promover tu bienestar emocional general.

Transformando la ira en motivación

La ira es una emoción poderosa que, cuando se maneja adecuadamente, puede ser transformada en una motivación positiva para el crecimiento personal. En lugar de dejar que la ira nos controle o nos consuma, podemos utilizarla como una fuerza impulsora para efectuar cambios positivos en nuestras vidas. A continuación, exploraremos cómo transformar la ira en motivación para el crecimiento personal:

* **Identifica la fuente de la ira:**
El primer paso para transformar la ira en motivación es identificar su fuente. Reflexiona sobre lo que te está causando enojo y cómo te hace sentir. Reconoce si la ira está relacionada con una situación externa, una interacción con otra persona o contigo mismo.

* **Canaliza la energía de la ira:**
La ira es una emoción llena de energía. En lugar de dejar que esta energía se disipe o se convierta en reacciones negativas, canalízala hacia actividades positivas. Por ejemplo, puedes hacer ejercicio, escribir en un diario, pintar o involucrarte en proyectos creativos para liberar la energía acumulada.

* **Establecimiento objetivos personales:**
Utiliza la ira como motivación para establecer metas personales. Identifica áreas de tu vida que te gustaría mejorar o cambiar y establece objetivos concretos y alcanzables para lograrlo. La ira puede ser una fuerza impulsora para empujarte a tomar acción y trabajar hacia tus metas.

- **Aprende de la experiencia:**

La ira puede proporcionar valiosas lecciones y oportunidades de aprendizaje. Reflexiona sobre la causa de tu ira y lo que desencadenó esa emoción. Examina cómo podrías manejar la situación de manera diferente en el futuro y qué lecciones puedes extraer de la experiencia.

- **Encuentra el propósito en la adversidad:**

La ira que surge de situaciones difíciles puede proporcionar un propósito más profundo. Encuentra significado en la adversidad y busca oportunidades para crecer y aprender a través de los desafíos. La ira puede ser una señal de que estás dispuesto a enfrentar dificultades y superar obstáculos.

- **Practica la gratitud:**

La gratitud puede ser una herramienta poderosa para transformar la ira en motivación positiva. Agradece las lecciones que la ira te ha proporcionado y enfócate en las cosas positivas de tu vida. La gratitud te ayudará a cambiar tu perspectiva ya encontrar motivación en momentos difíciles.

La ira puede ser una fuerza positiva para motivarnos a mejorar nuestras vidas y relaciones, y alcanzar nuestro potencial más elevado.

Aprendiendo de la ira

La ira puede ser una emoción intensa y desafiante, pero también puede ser una oportunidad de aprendizaje y crecimiento personal. Cuando aprendemos de la ira, podemos descubrir más sobre nosotros mismos, nuestras necesidades y cómo manejar las situaciones difíciles de manera más efectiva. A continuación, exploraremos cómo aprender de la ira para nuestro crecimiento personal:

• **Autoevaluación emocional:**

La ira puede ser una señal de que algo en nuestro interior necesita atención. Practica la autoevaluación emocional y pregúntate por qué te sientes enojado. Reflexiona sobre tus valores, necesidades y expectativas, y cómo pueden estar relacionados con la situación que ocurre tu ira.

• **Identifica patrones**

Observa si hay patrones recurrentes de ira en tu vida. Identificar estos patrones puede ayudarte a comprender mejor qué desencadena tu ira y cómo puedes abordar estas situaciones de más constructiva.

• **Práctica la autorregulación:**

La ira puede ser una señal de que necesitas trabajar en la autorregulación emocional. Practica técnicas de manejo del estrés y la ira, como la respiración profunda, la meditación y la relajación, para aprender a manejar la intensidad de tus emociones.

• **Fallas comunicacionales**

La ira puede ser una señal de que necesitas mejorar tus habilidades de comunicación asertiva. Aprende a expresar tus necesidades y emociones de manera clara y respetuosa, evitando reacciones agresivas o pasivas.

- **Aceptación y Perdón:**

Aprende a aceptar tus emociones, incluida la ira, como parte natural de la experiencia humana. Practica el perdón hacia ti mismo y hacia los demás si la ira ha afectado negativamente tus relaciones o decisiones.

Mantén la calma y un tono bajo para mostrar que no estás enojado. Cuando estás furioso, a menudo puedes sentir que tu tono está fuera de proporción. Luego sigues gritando y diciendo cosas que no querías decir en primer lugar. Es indecoroso que una persona critique con las palabras que salen de su boca y luego piense que, con solo disculparse con la parte ofendida, instantáneamente recibirá el perdón.

Transforma la ira en acción constructiva

La ira es una emoción poderosa que, si se maneja adecuadamente, puede ser transformada en una fuerza motivadora para el cambio positivo. En lugar de permitir que la ira nos controle o nos paralice, podemos canalizar esta energía hacia acciones constructivas que nos ayuden a resolver problemas, establecer límites saludables y promover un cambio positivo en nuestra vida y en nuestras relaciones. A continuación, exploraremos cómo transformar la ira en acción constructiva:

- **Establece límites saludables:**

La ira puede ser una señal de que tus límites personales están siendo violados. Aprende a establecer límites saludables para proteger tus necesidades emocionales y físicas. Comunica tus límites evidentes y no tengas miedo de decir "no" cuando sea necesario.

• **Canaliza tu energía:**

Utiliza la energía de la ira de manera productiva. Practica actividades que te ayuden a liberar la tensión emocional de manera saludable, como hacer ejercicio, practicar deportes, pintar o escribir. La liberación de la energía de la ira te permitirá enfocarte en acciones constructivas.

• **Practica la resiliencia:**

La ira puede ser una oportunidad para practicar la resiliencia emocional. Aprende a superar los desafíos y afrontar las dificultades con determinación y flexibilidad. La resiliencia te ayudará a mantener el enfoque en el cambio positivo, incluso cuando encuentres obstáculos.

Aprender de la ira es un proceso de autoexploración y crecimiento personal. Al practicar la autoevaluación emocional, identificar patrones y desencadenantes, practicar la autorregulación, mejorar la comunicación asertiva, aceptar y perdonar, buscar apoyo y transformar la ira en acción constructiva, podemos utilizar esta emoción poderosa como una oportunidad para crecer y mejorar como seres humanos. La ira puede ser una fuente de aprendizaje profundo sobre nosotros mismos y nuestras necesidades emocionales, lo que nos permite desarrollar una mayor autorregulación emocional y construir relaciones más saludables y satisfactorias.

Transformar la ira en una fuerza positiva es un proceso continuo que requiere paciencia y autocompasión. A través de la práctica constante de las estrategias aprendidas en este capítulo, estaremos mejor equipados para utilizar la ira como una herramienta para el crecimiento y el bienestar emocional.

Siguiendo en este camino de transformación, encontraremos los desafíos de manera más constructiva y estableceremos relaciones más auténticas y significativas con nosotros mismos y con los demás. La capacidad de transformar la ira en una fuerza positiva es una habilidad valiosa que nos permite abrazar nuestra humanidad y desarrollar una vida más plena y en armonía con nuestras emociones.

Capítulo 6
El camino hacia la Paz Interior:

En este capítulo final, exploraremos cómo podemos transformar la ira en una fuerza positiva que contribuya a nuestro crecimiento personal y emocional. Aprenderemos estrategias para cultivar la paz interior, manejar la ira de manera saludable y desarrollar una mayor comprensión de nosotros mismos y de nuestras emociones. Al finalizar este capítulo, estaremos preparados para afrontar los desafíos emocionales con una perspectiva más equilibrada y una mayor capacidad para mantener el control de la ira.

Practicando la autorreflexión

La autorreflexión es una herramienta poderosa para el manejo efectivo de la ira y el crecimiento personal. Nos permite explorar nuestras emociones, pensamientos y comportamientos en profundidad, lo que nos ayuda a entender mejor la naturaleza de nuestra ira y cómo afecta nuestras vidas. Practicar la autorreflexión nos permite desarrollar una mayor conciencia emocional y tomar decisiones más informadas sobre cómo manejar la ira de manera constructiva. A continuación, exploraremos cómo practicar la autorreflexión para el manejo de la ira:

• Establece tiempo y espacio para la reflexión:
La autorreflexión requiere tiempo y espacio dedicado para explorar tus emociones y experiencias. Busca momentos de tranquilidad y privacidad donde puedas reflexionar sin distracciones.

• Reconoce tus emociones:
Identifica y reconoce tus emociones, incluida la ira. Presta atención a cómo te sientes en diferentes situaciones y qué desencadena tu enojo. Reconocer tus emociones es el primer paso para manejarlas de manera efectiva.

• Analiza tu forma de actuar:
Profundiza en las causas subyacentes de tu ira. Pregúntate a ti mismo por qué te sientes enojado y si hay otras emociones o creencias que pueden estar contribuyendo a tu ira. Comprender las causas subyacentes te ayudará a abordar el problema de manera más completa.

• Cuestiona tus pensamientos y creencias:
Cuestiona tus pensamientos y creencias sobre la ira. A menudo, nuestras percepciones e interpretaciones de una situación pueden afectar nuestra reacción emocional. Reflexiona sobre si tus pensamientos son realistas y si estás interpretando la situación de manera precisa.

• Evalúa tus patrones de conducta:
Observa tus patrones de conducta relacionados con la ira. Identifica si hay situaciones o personas específicas que tienden a provocar tu enojo y cómo suelen reaccionar ante ellas. Evaluar tus patrones de

conducta te ayudará a determinar si necesitas ajustar tu respuesta emocional.

• **Aprende de experiencias pasadas:**
Reflexiona sobre experiencias pasadas en las que la ira haya sido un desafío para ti. Identifica qué aparece bien en esas situaciones y qué podrías haber hecho de manera diferente. Aprender de experiencias pasadas te permite mejorar tu futuro manejo de la ira.

• **Desarrolla un plan de acción:**
Basándote en tu autorreflexión, desarrolla un plan de acción para manejar la ira de manera constructiva. Identifica estrategias y técnicas que te ayudarán a regular tus emociones y a responder de manera más efectiva a situaciones adversas.

• **Práctica la paciencia contigo mismo:**
La autorreflexión es un proceso continuo y puede llevar tiempo. Practica la paciencia contigo mismo mientras exploras tus emociones y aprendes a manejar la ira de manera más efectiva. Sé amable contigo mismo en el camino hacia el crecimiento personal.

La autorreflexión te brinda la oportunidad de crecer y mejorar como individuo, lo que te permitirá cultivar relaciones más saludables y una vida más equilibrada y enriquecedora.

Desarrollo de la Resiliencia Emocional

La resiliencia emocional es la capacidad de adaptarnos y recuperarnos de las adversidades emocionales y situaciones estresantes. Desarrollar la resiliencia nos permite afrontar la ira y otras emociones intensas de manera más efectiva, promoviendo una mayor autorregulación emocional y bienestar general. A continuación, exploraremos cómo desarrollar la resiliencia emocional para afrontar la ira de manera constructiva:

• **Acepta las emociones:**
No te reprimas ni niegues tus sentimientos, ya que esto puede aumentar la intensidad de la emoción. Acepta que es normal sentir ira en ciertas situaciones y permítete experimentarla sin juzgarte.

• **Cultiva una Actitud Positiva:**
Cultivar una actitud positiva no significa ignorar la ira o ser siempre feliz, sino desarrollar una mentalidad de aprendizaje y crecimiento ante los desafíos. Enfócate en encontrar soluciones y oportunidades de aprendizaje en lugar de quedarte atrapado en el enojo.

• **Construye una Red de Apoyo:**
Desarrollar una red de apoyo sólido es crucial para la resiliencia emocional. Busca el apoyo de amigos, familiares o profesionales si te sientes abrumado por la ira. Compartir tus sentimientos con personas de confianza puede ayudarte a procesar tus emociones y obtener diferentes perspectivas.

• **Desarrolla habilidades de afrontamiento:**
Aprende y desarrolla habilidades de afrontamiento efectivo para manejar la ira y el estrés. Estas habilidades pueden incluir la comunicación asertiva, la resolución de problemas, la relajación, la meditación

y la búsqueda de actividades que te ayuden a liberar la tensión emocional.

• **Práctica la Flexibilidad:**
La flexibilidad es clave para la resiliencia emocional. Aprende a adaptarte a las situaciones cambiantes y afrontar los desafíos con una mente abierta. La rigidez emocional puede aumentar la intensidad de la ira, mientras que la flexibilidad nos permite responder de manera más efectiva.

• **Establece metas realistas:**
Establecer metas realistas te ayuda a mantener el enfoque y a sentirte más capacitado para manejar la ira. Establece objetivos alcanzables y divide grandes desafíos en tareas más pequeñas y manejables.

• **Cuida tu mente y tu cuerpo:**
El autocuidado es fundamental para desarrollar la resiliencia emocional. Dedica tiempo a actividades que te ayuden a relajarte, recargar energías y mantener un equilibrio emocional, como practicar deportes, leer, pasar tiempo al aire libre o disfrutar de un pasatiempo.

• **Reflexiona:**
Reflexiona sobre cómo se ha enfrentado la ira en el pasado y qué estrategias fueron más efectivas. Aprende de tus experiencias y utiliza ese conocimiento para abordar situaciones futuras de manera más constructiva.

La resiliencia emocional nos permite adaptarnos y recuperarnos ante las dificultades, lo que nos ayudará a cultivar una vida más equilibrada y enriquecedora.

Prácticas de Atención Plena (Mindfulness)

La atención plena, también conocida como mindfulness, es una práctica que implica estar conscientemente presente en el momento presente sin juzgar ni reaccionar automáticamente a nuestras experiencias internas y externas. Al practicar la atención plena, podemos desarrollar una mayor autorregulación emocional y aprender a manejar la ira de manera más efectiva. A continuación, exploraremos cómo incorporar prácticas de atención plena en el manejo de la ira:

• **Meditación de Atención Plena:**
La meditación de atención plena es una práctica central para desarrollar la conciencia emocional y el manejo de la ira. Dedica unos minutos cada día a sentarte en silencio, enfocándote en tu respiración o en sensaciones corporales, logrando que los pensamientos y emociones fluyan sin aferrarte a ellos.

• **Observa tus emociones:**
Cuando sientas que la ira surge, obsérvala sin juzgar. Reconoce cómo se manifiesta en tu cuerpo y en tu mente. No te identifiques con la emoción, simplemente obsérvala como una experiencia pasajera.

• **Enfócate en la respiración:**
La respiración es una herramienta poderosa para cultivar la atención plena y reducir la intensidad de la ira. En momentos de enojo, enfoca tu atención en tu respiración, sintiendo cómo entra y sale el aire de tu cuerpo. Esto te ayudará a centrarte y a calmarte.

• Práctica de Bodyscan:

Realiza un bodyscan para conectar con tu cuerpo y liberar la tensión emocional. Cierra los ojos y lleva tu atención a cada parte del cuerpo, desde los pies hasta la cabeza, notando cualquier sensación física sin juzgarla. Esto te ayudará a soltar la tensión acumulada.

• Observa tus pensamientos:

Presta atención a los pensamientos que surgen cuando te sientes enojado. Observa tus patrones de pensamiento sin aferrarte a ellos o dejarte llevar por la narrativa interna. Al ser consciente de tus pensamientos, puedes elegir cómo responder en lugar de reaccionar impulsivamente.

• Práctica de gratitud:

La práctica de gratitud es una forma efectiva de cultivar la atención plena y cambiar la perspectiva en momentos de ira. Tómate unos minutos cada día para reflexionar sobre las cosas por las que te sientes agradecido. Esto te ayudará a enfocarte en lo positivo ya reducir la intensidad de la ira.

• Camina con conciencia:

Cuando camines, practica la atención plena enfocándote en cada paso que das y en las sensaciones del cuerpo al moverte. Caminar con conciencia puede ser una forma efectiva de liberar la energía acumulada durante momentos de ira.

• Práctica la Técnica del STOP:

La técnica del STOP es una estrategia de atención plena que puedes utilizar cuando sientas que la ira aumenta. Detente en el momento, respira profundamente, observa tus pensamientos y emociones, y luego procede con calma y enfoque.

La atención plena nos permite estar presentes en nuestras experiencias y responder de manera más consciente y equilibrada a las situaciones desafiantes.

Al finalizar este capítulo, habremos recorrido el camino hacia una mayor paz interior y control de la ira. A través de la autorreflexión, la aceptación, la resiliencia emocional y prácticas como la atención plena y la gratitud, estaremos mejor equipados para manejar la ira de manera constructiva y transformarla en una fuente de personal y emocional. Al desarrollar una mayor comprensión de nosotros mismos y nuestras emociones, seremos capaces de mantener el equilibrio emocional en situaciones adversas y construir relaciones más sólidas y satisfactorias con nosotros mismos y con los demás. La conclusión final del libro nos recordará el valor de mantener un enfoque constante en el control de la ira y cómo esto puede llevarnos a una vida más plena y enriquecedora.

Palabras finales:

En la conclusión de este libro sobre el control de la ira, nos gustaría resaltar la importancia de mantener un enfoque constante en el desarrollo de habilidades emocionales para gestionar esta poderosa emoción. La ira es una parte natural de la experiencia humana, pero aprender a manejarla de manera saludable es esencial para nuestra salud física y mental, así como para nuestras relaciones y bienestar general.

Durante este viaje de autorreflexión, hemos aprendido a reconocer las señales tempranas de la ira, a identificar los desencadenantes y aplicar herramientas prácticas para gestionarla de manera constructiva. A través de la comunicación asertiva, hemos aprendido a expresar nuestras emociones de manera respetuosa y empática, evitando respuestas agresivas o pasivas. También hemos descubierto cómo transformar la ira en una fuerza positiva, cultivar la paz interior, practicar la atención plena y fomentar la gratitud y la positividad.

El control de la ira es un proceso continuo que requiere paciencia, perseverancia y autocompasión. A lo largo de nuestras vidas, enfrentaremos situaciones que pondrán a prueba nuestra capacidad para manejar la ira de manera saludable. Es importante recordar que está bien cometer errores y que cada desafío es una oportunidad para aprender y crecer.

Siempre es recomendable buscar ayuda profesional si sentimos que nuestra ira está interfiriendo significativamente en nuestras vidas y relaciones. Un terapeuta o consejero puede proporcionar orientación y apoyo personalizado para abordar las dificultades emocionales de manera más efectiva.

A medida que avanzamos, recordemos que cada paso que damos hacia el control de la ira es un paso hacia un bienestar emocional más profundo y una conexión más genuina con nosotros mismos y con el mundo que nos rodea. Mantengamos la determinación de cultivar la paz interior y la compasión, y recordemos que el control de la ira es un viaje continuo de autodescubrimiento y crecimiento personal.

¡Adelante en este camino hacia una vida más plena y enriquecedora!

#######